Oktaederlöwe

Anne Höver OFS ist Diplompsychologin. Sie ist christlich-jüdisch inspiriert und hat Hinduismus, Buddhismus und Tibetologie studiert.

© 2023 Anne Höver
Herstellung und Verlag: BoD – Books on Demand, Norderstedt
ISBN 9783758303142

Anne Höver

Oktaederlöwe

Kubistische Gedichte

und andere

Für meinen lieben Mann Günter

Kubistisches

Oktaederlöwe

Der Dreiecksstier der springt
Die Kugelgämse singt
Ein Oktaederlöwe pfeift ganz leise
und auch auf seine Weise
der Quadratpirol

Kegelaffen

Kegelaffen
und Quadratgiraffen
mit dem Sechseckmarabu
standen in dem Tetraederzoo
und sangen froh

Pyramide
aus goldenen Pferden

Aus goldenen Pferden
eine Pyramide
türmt sich hinauf
am Horizont
Der Sonne funkelnder
Widerschein
auf Pferderückenpracht
Die Köpfe hoch erhoben
stehen sie in goldenem Schein
atmen in dunkelblauem
ägyptischen Azur
den Lebensatem

Spritzer

Auf einer Fläche
mittelgrau
trafen sich zwei Spritzer
Gelb und Blau
Blau sprach zu Gelb
Ich liebe dich
Gelb sprach zu Blau
dann küsse mich
Sie lagen sich
vereint im Arm
Ihr Kind wurde geboren
ein Grüner Spritzer
mit viel Charme

Ein Pferd aus Klangkuben

Ein Pferd aus Klangkuben
galoppiert
auf silbernen Quadraten
durch den Dreieckswald
lichtumfangen
wagt es den Sprung
in die Zukunft

Kubistisches II

Schräg verwinkelt
Gelb und Blau
Sterngebäude Sonnenbau
Transparente Kanten
schmiegen leis
sich an graue Würfel
Pyramiden drehen weiß
sich zum lichtervollen
Schattenspiel

Kubistisch bewegte Räume

Ich ahn den Schatten
in der Ecke
In der Mitte
seh ich Licht in Kuben liegen
Bewegte Räume werden farbig dicht
Sie drehen sich zu der Musik im Licht

Kubistisches noch einmal

In der Mitte
weißer Raum
blaue Kuben
drehen langsam sich
und fliegen
zur Musik im Traum

Kugelkuben

Kugelkuben
küssen sich
inniglich
Es entsteht
ein Beben
neues Leben
Kugel
mütterlich
schaut dem
Kugelkinde
ins Gesicht

Tanzende Pyramiden

Verwinkelt Blau
Tanzende Pyramiden
Lichtertreppen
Raumkaskaden im Azur
Herbstkonzert

Kubistisches 5

Ölpastell
in lichtem Reigen
neigen sich die Kuben
spielen miteinander
hell und zart
verspielt
die feine Melodie
hörst du sie?
Kling Klang Kling Klang
Klingt zarter Gesang

Der wählerische Kubus

Es stand ein Kubus
ganz allein
Er wünschte sehr
er wäre mehr
Da kam die Kugel
angelaufen
und wollt beim Kubus
gern verschnaufen
er blieb nicht
bei der Kugel stehen
er wollte nun
doch lieber gehen
er blieb für immer
ganz allein
und war nicht
länger mehr zu zwein

Ulrike

Nach einem kubistischen Bild
von Pablo Picasso

Ich seh nach vorne
mit einem Aug
und zur Seite
mit dem zweiten
nach rechts
nach links
mit meinen Mandelaugen
Schwinge meinen Schopf
den Pferdeschwanz
auf meinem Kopf
mein Gesicht sind Kuben gleich
sie drehen sich leis
in Dreiecksschatten
und Quadraten
zu lichtervollem Formenspiel

Blaue Pyramide

Ein Pyramidenbau
so blau
es flutet Licht
im Innern ist ein Gedicht
geschrieben auf der blauen Wand
in Hieroglyphenschrift mit
Geisterhand
Der Pharao liegt hier begraben
Der Herrscher aus den goldenen
Tagen
Goldblaue Maske ruht auf dem
Gesicht
Er scheint zu atmen
in dem sonnengleichen ewigen
Licht

Pyramidenwald

Auf Quaderstelen
Kugelblätter
silbern leis
schwingen wieder
auf und nieder
feiner Ton
im Innern weiß

Pyramide
aus goldenen Dreiecken

Dreieckswelt
mit dem Atem
des Ewigen
Quader aus Marmor
Grund des Lebens
Ägyptische Pyramide
Leben
in Zeit und Ewigkeit

Metamorphose

Es springen Figuren aus Licht
aus silbernem Klang
Der Atem fließt
Goldene Mitte
Metamorphose des Seins
In jeglicher Gegenwart

Schloss aus Kuben

Schloss aus Kuben
Licht und Schattenquader
im Azur
Dreieckstürme
Pyramidenspitzen
schweben sacht
mit Silberklang
auf dem Berg
zur Mittagszeit

Die Kugelwelt

Die Kugelwelt
ist rund
und kunterbunt
Planetenkreisel
Sonnenspiel
Die Kugelwelt
sie klingt nach viel
nach buntem Klang
Ein Formgesang

Kleine Kugeln hüpfen

Kleine Kugeln hüpfen
Rot und blau und gelb
Lauter bunte Tupfen
in der Kugelwelt

Würfelburgen

Würfelburgen
Schattenland
im gelben Sand
Lichterspiel im Sonnenschein
Würfelhäuser
große, kleine
stehn zu zu zweit, zu dritt, alleine
In der bunten Würfelstadt
In der Welt
die Kubenformen hat

Eineck

Eineck
Zweieck
Dreieck
ein buntes
Vieleck
orange blaue Seiten
Eckenwelt
aufeinandergestellt
Formenspiel
aus vielen Ecken
die farbig
nach süßem Kandis
schmecken

Zwei Flecken

Zwei Flecken
trafen sich
sie lebten
zu zweit
allein
auf einem Strich
Und als es langweilig war
kam ein Strich dazu
es wurde eine Schaukel gar
sie wippten fröhlich
auf und nieder
und sangen
bunte Fleckenlieder

Der Dreiecksturm

In einem Dreiecksturm
auf einer Burg
da bläst der Sturm
im Turmesinnern
sitzt ein Flötenspieler
und spielt zum Sturm
die Wolkenlieder

Pyramidengesichter

Pyramidengesichter
Dreieckslichter
Klangstelen
Kuben die spielen
goldene Musik
Tanz der Formen
Dreiecke Quadrate
und Kreise
ganz leise tönt
Punkt, Linie und Fläche
in unendlicher
geometrische Musik

Farben und Formen

Farben, und Formen
wiegen sich leise
zur unendlichen Weise
tanzen und lächeln leise
Das Dreieck
Das Quadrat
Und die Kreise

Lebendige Räume

Lebendige Räume
tanzen und spielen
miteinander
im Kubengesang
springen auf und nieder
singen Kubenlieder
Kubengesichter
leuchten als Lichter
In voller Harmonie
siehst du sie

Kreisgesichter

Kreisgesichter
Kugellichter
Oktaederkörper
Sechseckleiber
finden sich im Tanz
zum Menuett

Photonengesang

Kling Klang
Kling Klang
Photonengesang
Melodie
der Lichtharmonie
Lieder der Wellen
Gesang der schnellen Teilchen
ein Weilchen
hörst du sie
die flimmernde
schimmernde
Harmonie

Kubistischer Klang

Kubistischer Klang
Kubengesang
goldene Quader
schweben hernieder
Lichtschattenlieder

Sprung über den Sprung

Lichtsternenzahl
Qantengeplänkel
Sprung über den Sprung
im n-dimensionalen
Raumgesumm

Wortzeitlieder

Wortzeitschatten
Wortgeflecht
klingt leis
schwingt weiß
in vielen Formen
steigen auf und nieder
Wortzeitlieder

Das unzufriedene Wort

Stand ein Wort
auf hoher Klippe
sprach
Ich kippe
falle nieder
in bedeutungslos Geplänkel
sehne leise mich nach mehr
seufzte es unendlich schwer

Mein Nucleus accumbens

Mein Nucleus accumbens
schwelgt
in lauter Farb- und Formen
In Rot und Blau und Gold
wachsen knospende Dendriten
zueinander
silberne Botenstoffe
reisen in Booten
Goldfasern
flechten sich zu neuen Formen
Erinnerungsblüten
wachsen nach und nach
an goldenen und an blauen
Strängen
Oxytoxin , Serotonin und Dopamin
reisen phantastisch
auf den Flüssen
zwischen Wänden aus rotem Gold
und blauem Silber
Hin und her wandern die Boote,
diese runden Stoffe
Mitochondrien spenden stets neue
sonnenhafte Energie

Im grünen Moos

Im grünen Moos
ist heut was los
ein Käfer klettert
ein Ohrwurm schmettert
ein Ohrwurmlied
ein jeder sieht
im zarten Moos
ist heut was los

Gaga

Das Schni Schna Schnabeltier
steht ohne Schnabel hier
Mit einem Schnabel unterdessen
wär es ein Schnabeltier gewesen

Schönheit

Orientalisches

Purpurrot mit goldner Borte
glänzt der Diwan in dem Raum
Hyazinth und Moschusduft
verströmen
An den Fenstern hinter Gittern
schauen dunkle Mädchen
unverwandt
über Mauern in den Dörfern
Weiß getünchte Häuser kauern
sich im Wüstenhügelland

Pirouette

Pirouette
Zart geliebter Tanz
Anmutig schwebt die kleine
Ballerina in den Raum
tanzt durch Zeit
tanzt durch Raum
feingliedrig die Gestalt
ein zarter Traum

Der Athlet

Der Athlet pudert seine Hände
schwingt sich empor am Reck
elegant dreht er sich an der
Stange
in einem Sprung fliegt er empor
er gleitet schwerelos im Bogen
mit Grazie springt er auf die Matte
er verbeugt sich
spürt Applaus

Blumenland

Über Gräsern
Blumenkronen
schweben fein
hell und rein
Blütenelfen
zart herein
Vergissmeinnichtkinder
kleine Blütenelfen
duften und spielen
aus alten fernen Tagen
aus längst vergangener Kinderzeit

Blütenfee
Frühlingstraum

Kleid aus roten Tulpen
und Narzissen
gelbe Blütenseide
Schneeglöckchenkrone
im Lockenhaar
Krokusblütenfinger
Rosenschuhe
Duft von Hyazinthen
am Saum
schwebt die Blütenfee
frühlingsnah
durch lichten Raum

Traum

Jenseits
von Zeit und Raum
ein klingender Traum
Sternenwelten
voll bunter Nebel ziehen
in der Nacht
aus den Paradiesen
lichte Himmel glühen
Engelsgesang
im Sternenreigen
wiegen sich ferne Welten
voller Klang

Kinderaugen

Kinderaugen voller Sterne
voller Licht
Es zieht zu mir
aus weiter Ferne
zart geliebtes Kind
dein liebendes Gesicht

Worte der Braut

Seidenlocken
Pfirsichhaut
Sternenaugen
Himmelsbraut
zieht dein Gesicht
geliebter Bräutigam
in der Erwartung lichtem Traum
durch des Schlafes
Liebesatem

Leib der Geliebten

Sanft streicht der Wind
am rosigen Morgen
durch die Gräser
über den zarten Leib der
Geliebten

Sommersamt

Aprikosengelb
Pfirsichsamten
strömt das Licht
durch Bäume
Sonnenfrüchte
duften süß
feiner Kuss
zartes Flüstern
Sommersamt
über lichtem Dichtergrund

Perlentaucher

Mädchen im Meer
Nixen mit langen Haaren
springen über den Rand
tauchen tief hinab
zum Grund
finden die köstliche Muschel
Strahlender Schatz
Auftauchen
Lachen
In den feinen Händen
das Kleinod
die Auster
Zärtlich streichelt die Meerjungfrau
ihre reine weiße Perle

Den Morgen erwartet

Vergangen sind die Träume
der Nacht
frühe Stunde voller Andacht
Lobpreis dem Höchsten
Dank für seinen Schutz
Morgenstille
Kaum atmet der Wald, die Flur
die Wiesen schweigen noch
das frühe Licht erwacht

Feines Sehnen

Zart bist du
in meiner Mitte
ruhend tief
in meinem Innern
Herz dein Rhythmus
ist Musik
feines Sehnen
nach dir oh Gott
leben mit dem Höchsten
Liebe atmet Liebe

Rosenhag

Zärtlich flüstert die Geliebte
Am Abend zirpen die Grillen
Des rosigen Sommers
schwere Blüten
hängen duftend
über den Häuptern
des eng umschlungenen Paares
versteckt im Rosenhag
Taufrisches Gras
Der Sommerwind
streicht am nächsten Morgen
über den rosenduftenden Leib
der Geliebten

Frühlingskonzert

Schneeflocken verklingen
erstes behutsames Singen
Frühlingskonzert
Knospen schwellen
in wärmenden Strahlen
der hellen sonnenatmenden Welt

Nachtigall

Im Rosenhag
schlägt leise
am frühen Abend
die Nachtigall
Es seufzt schwer das Herz
das verliebte
Stumme Tränen
gedenken heut Nacht
des toten Geliebten

Leises Staunen

Leises Staunen
über Gottes große Güte
und Barmherzigkeit
sanfter Herzschlag
Liebe raunt im Innern
überwältigt von des Vaters Güte
Jeden Tag liebst Du mich ganz
Tiefes Sehnen pocht in mir
nach Deiner Nähe
Deinem himmelweiten Glanz

Blütenrausch im Frühling

Blütenrausch im Frühling
zarter Maienduft
Ahnung von sonnenwarmer Luft
Vogelgesang im Blütenmeer
Honignektar rings umher
warmer Atem der Natur
Zwei Schäfchenwolken
ziehen am Himmel
Blaue milde Frühlingsluft
maigrüner Gräser würziger Duft
rings um mich her
ein träumendes Blütenmeer